A LA MÉMOIRE

DU

HÉROS MALHEUREUX.

OU

ANALYSE RAISONNÉE DES PRINCIPALES BROCHURES
QUI ONT PARU DEPUIS LA MORT

DE NAPOLÉON;

Par A. G...N, ancien Officier.

A PARIS,

CHEZ LES LIBRAIRES DU PALAIS-ROYAL,
ET CHEZ LES MARCHANDS DE NOUVEAUTÉS.

1821.

IMPRIMERIE DE CHANSON.

A LA MÉMOIRE

DU

HÉROS MALHEUREUX;

————

Une grande partie des hauts faits de Bonaparte ayant été rapportée par mes devanciers, il ne me reste qu'à défendre sa cendre, par une analyse raisonnée de quelques brochures, et surtout de celles attribuées aux auteurs anglais.....

Je ne veux établir aucune comparaison, pour diminuer les crimes qu'on lui impute, en consultant les histoires modernes de quelques pays. Cette tâche serait trop rebutante ! Je les raconterai seulement en représentant les causes qui ont pu les produire.

Je n'émettrai pas de réflexions sur le style plus ou moins soigné dans lequel plusieurs de ces productions sont écrites.

Le style est toujours bon s'il est sorti du cœur.

Je vais les parcourir selon l'ordre dans lequel elles se sont succédées.

La première qui est sortie de la presse est intitulée : *Pensée d'un Soldat sur la sépulture de Napoléon*, par le capitaine Goujon, membre de la Légion d'Honneur.

L'auteur blâme d'abord, avec raison, la conduite de ces lâches flatteurs, pour qui le pouvoir seul mérite toutes louanges, le malheur n'a droit à rien, et auxquels semble réservée cette épithète :

Tel flatte un roi puissant, qui l'écrase déchu.

Il fait sentir le malheur d'un souverain illustre, joignant aux vexations qu'il essuie de cette Albion, qui eût été, sans son or, forcée, comme tant d'autres puissances, de s'agenouiller devant lui pour implorer sa protection, la douleur d'un père arraché à sa famille en pleurs ; et celui non moins cruel d'un fils, privé d'arroser de ses larmes la terre aride où reposent les cendres de son malheureux père. Il nous rappelle que la mort doit appaiser tout ressentiment, en citant la générosité d'Alexandre envers Achille et Darius, et celle de César pleurant sur l'urne de Pompée. Ces exemples, qu'il trouva dans l'histoire des siécles des grands hommes, nous verront-ils moins magnanimes aujourd'hui, et n'appuient-ils pas suffisamment son opinion? Il nous cite quelques faits militaires mémorables du vainqueur du monde ; l'ordre rétabli pendant son consulat, et l'établissement des autels de Saint-Denis aux mânes de nos rois. Toutefois, ainsi que tout Français enivré de la gloire du héros qui a fait briller d'un nouvel éclat celle de la Nation française, il convient des fautes qu'il a commises. Il était homme, conquérant, souverain ! Je pense comme lui, que la fin tragique de Napoléon doit être une grande leçon pour les rois.

L'auteur se résume en demandant que les cendres de l'illustre défunt soient transportées en France, et placées sous la colonne ; ou qu'on lui élève un modeste monument, mais sur le sol français. Il dit qu'on lui en érigerait un bien riche, si tous les hommes de tous les rangs, qui ont imploré sa faveur, ou qui ont eu part à ses bienfaits, apportaient leur offrande.

L'auteur, en payant sa dette à son ancien général, nous montre, ainsi que lui, qu'on peut manier avec un égal succès et la plume et l'épée. Sa belle terminaison, surtout, annonce un jugement profond.

Je ne parlerai que peu de celle intitulée : *Lettre à M. le baron Mounier.*

Tout en rendant justice au caractère noble et aux bonnes intentions de M. le général Berton, je pense que tout foudé qu'est son reproche, il est mal adressé, attendu que le Préfet est pour la police de Paris, ce que

M. le baron Mounier, qui jouit d'ailleurs d'une
bonne réputation, est pour celle du royaume.
Cette lettre contient néanmoins des vérités
essentielles ; par exemple, comme l'auteur l'a
fort bien dit, chacun a pu remarquer que le
libelle appelé : *Confession de Bonaparte*, ne
se débitait pas, qu'il inspirait le mépris le
plus profond pour les fauteurs d'un pareil scan-
dale, et je crois que sous ce rapport, elle a été
très-utile, en arrêtant la publication de cette
fourberie.

M. le général Berton y a émis une idée très-
heureuse, lorsqu'en adoptant les conclusions
du capitaine Goujon, il a dit qu'il désirerait que
les cendres de Napoléon fussent déposées sous
la colonne Vendôme, pour y être pressées sous
le poids de ses victoires...

Me voilà arrivé à celle des fameux poëtes anglais, qui contient une *Notice sur la vie et la
mort de Bonaparte*, par sir Thomas Moore,
et le dithyrambe de lord Byron.

L'auteur de la Notice donne d'abord des détails sur la famille et la naissance de Napoléon.
Il dit bien qu'il était né le 15 août 1769, c'est-
à-dire, un an après que la Corse avait été cé-
dée à la France par les Gênois. Quoique son
âge soit confirmé par les registres des écoles
militaires où il est entré, alors qu'il ne pensait

pas devenir Empereur des Français ; cependant le rédacteur du Journal des Débats a cherché à nous faire croire qu'il s'était rajeuni, parce que, selon lui, la Corse n'avait été réunie à la France qu'en 1769.

L'auteur, en traçant l'éducation première de Napoléon, le cite comme un homme qui annonçait, déjà très-jeune, les plus grandes dispositions ; dont le jugement profond, l'amour pour l'étude des sciences, le faisaient travailler nuit et jour et lire surtout, avec un plaisir extrême, les grands hommes de Plutarque, comme s'il avait déjà pressenti que son nom devait un jour être placé en tête de cet ouvrage. Il détaille ensuite la carrière militaire, qu'il commença à vingt ans, à l'époque de la révolution, dans laquelle Bonaparte décela son amour pour la liberté, en composant un poème sur ce sujet. Il cite après cela son bannissement de l'île de Corse avec sa famille, par l'ordre du général Paoli, qui voulait la livrer aux Anglais ; son refuge à Marseille, où il vécut très-médiocrement, ce qui le fit mépriser par quelques insensés ; sa nomination au commandement de l'artillerie au siège de Toulon, où sa bravoure et la belle disposition qu'il donna à ses batteries, contribuèrent beaucoup à la reddition de la place ; ensuite celle de général de brigade commandant l'artillerie de l'armée d'Italie , puis sa destitution , après laquelle il vint languir à Paris , où il obtint, au moment où il voulait passer en Turquie, le commandement des troupes chargées de défendre la Convention , poste qui lui valut, par le zèle qu'il y déploya, le grade de général de l'armée de l'Intérieur, sous les ordres de Barras , qui le fit nommer général en chef, aussitôt qu'il fut monté au Directoire. L'auteur rappelle que c'est peu de temps après son mariage avec Joséphine de la Pagerie, veuve du vicomte de Beauharnais, à laquelle il paie un juste tribut d'éloges , que Napoléon alla commander en chef l'armée d'Italie. Là , il le suit dans toutes ses victoires , tant dans ce pays, qu'en Egypte. Cette analyse serait trop longue : je m'arrête seulement sur un fait relatif à son départ précipité de la terre des Ptolémées , que quelques individus ont donné pour une fuite honteuse , quoiqu'il était encore victorieux lorsqu'il s'embarqua.

L'aveu d'un Anglais confirme la fausseté du jugement de ces hommes fanatisés, et suffira peut-être , pour leur prouver que Bonaparte n'a quitté l'armée, que pour appaiser de nouveau , les dissensions civiles qui déchiraient la France. C'est alors , qu'après avoir renversé le Directoire, le 18 brumaire an 8 , il se fit pro-

clamer chef du gouvernement, et partit comme
premier Consul , pour chasser une seconde fois
de l'Italie , les Autrichiens, qui ne l'avaient re-
prise qu'à la faveur de nos dissensions. L'auteur, après avoir cité la bataille de Marengo ,
craignant, dit-il, de s'entraîner trop loin , ap-
préhende de suivre Bonaparte dans les hauts
faits militaires de cette brillante campagne, qui
réunit pour tout son règne l'Italie à la France. Il
annonce après le retour du héros, l'explosion de
la machine infernale , le 24 décembre 1800 ,
inventée par de nombreux ennemis, qu'enfan-
taient l'envie et la jalousie de sa puissance; puis
les recherches faites par l'ordre de Bonaparte ,
dans toutes les classes politiques de la Société ,
pour découvrir les coupables. Cette mesure
était assez naturelle, et cet attentat, susceptible de ramener les massacres de la révolution,
en valait bien la peine , sans y ajouter d'arrière
pensée. Après quoi, il parle de ses conquêtes
sur la rive gauche du Rhin, jusqu'à la Hollande;
du rétablissement de la Religion, de la liberté
que Napoléon accorda à tous les cultes, enfin
de la création de l'ordre de la Légion d'Honneur.
Jusques-là notre auteur ne s'est entretenu que
des vertus de l'ex-Empereur; mais le voilà qui
touche la corde délicate, il parle de ses fautes.
C'est ici que nous allons examiner quelle part

doit avoir Bonaparte aux crimes que l'on lui impute. Sir Thomas Moore dit qu'il a terni sa gloire en devenant trop puissant : il donne, pour appuyer cette assertion, les poursuites intentées contre les généraux Pichegru, Georges et Moreau, comme coupables d'avoir tenté de renverser le gouvernement pour rétablir la royauté. Il paraît néanmoins convenir de la culpabilité des deux premiers, et le fait a été prouvé; le défunt est donc lavé de l'accusation, quant à ces deux-là : Voyons ce qu'on peut lui reprocher à l'égard du dernier. Moreau, dont je frémis de tracer l'histoire, par le jugement qu'il a mérité de la postérité, était alors général en chef, aimé du soldat, et jouissait d'une réputation, que son talent et sa conduite, *jusques-là*, avaient su lui attirer. Mais quels que soient ses motifs pour chercher à s'assurer les troupes, soit qu'il veuille rappeler les Bourbons, ou plutôt ramener la république directoriale à son premier état, pour diminuer le pouvoir du Ier Consul, dont il était jaloux; il n'en était pas moins coupable envers lui et la Nation; et d'ailleurs, quelle fut la peine qui lui fut infligée? Quoique reconnu coupable, ses juges, considérant les nombreux services qu'il avait rendus, ne le condamnèrent qu'à deux ans de prison. Nous n'appuyerons pas sur ses fautes. Il est mort!...

Comment plus récemment, un tribunal auguste ne s'est-il point étayé de services bien plus signalés pour pallier une faute grave, mais presque commandée par la reconnaissance et l'avarice du sang français.

Le crime portait sa peine : toute la rigueur des lois fut appliquée.

Je quitte l'histoire de Moreau pour suivre l'auteur dans ce qui a le plus souillé la mémoire de Bonaparte ; je veux parler de la mort du duc d'Enghien. Jeune encore à cette époque, j'ai conçu toute l'horreur de ce forfait. Pendant la grandeur du héros, je n'eusse pas cherché à diminuer sa culpabilité ; mais il n'est plus, et je ne crains pas qu'on m'accuse de tracer son histoire avec le crayon de l'idolâtrie. Napoléon était déjà consul à vie, et par conséquent souverain. Il était peut-être plus grand et plus puissant alors que lorsqu'il fut Empereur, car il n'en régnait pas moins, et sur le peuple français qui avait encore conservé quelques débris de sa liberté ; mais Napoléon, naturellement ambitieux, entouré d'un conseil perfide, et à l'exemple de quelques souverains, marchait à grands pas au pouvoir absolu, où les rois ne sont jamais portés par l'amour de leurs peuples ; mais où ils arrivent seulement par la terreur qu'ils leur inspirent. Plusieurs conspirations avaient déjà été tentées pour abattre Bonaparte : l'effervescence des partis n'était pas éteinte. Les républicains étaient un peu calmés ; mais l'or de l'Angleterre ranimait toujours le parti des Bourbons ; et ce cabinet, le plus politique du monde, savait bien qu'il n'y avait que nos discordes qui pussent lui servir de remparts. Napoléon était bien au faîte du pouvoir, mais il lui manquait un titre : comme il ne le tenait pas de ses aïeux, il croyait l'avoir gagné par la gloire qu'il avait acquise, et pensait que la meilleure légitimité des Rois, dépendait du choix des peuples. Il avait déjà éprouvé l'opposition d'hommes justement célèbres, lorsqu'on lui décerna le consulat à vie. A quoi devait-il donc s'attendre en abolissant la république, pour créer une nouvelle monarchie qu'il voulait gouverner en qualité d'Empereur ? Il devait croire au réveil des hommes de l'opposition. Les républicains, alors peu nombreux, étaient sans force et non soutenus ; mais il n'en était pas de même des royalistes, qui voyaient dans cet acte l'exclusion des Bourbons du trône de France, et qui étaient protégés par l'Angleterre, qui ne les aida et ne sema son or avec profusion, que parce qu'elle

tremblait devant Napoléon, qui avait déjà dé-
truit une grande partie de son commerce par
le blocus continental. La France était donc dans
une crise continuelle, puisque le pouvoir était
disputé par deux chefs, dont l'un avait le droit
de naissance, et l'autre le droit de conquêtes ;
et celui-ci tenait dans ses mains les rênes du
gouvernement. Le duc d'Enghien, par sa jeu-
nesse, son talent, la bravoure qu'il devait tenir
de ses aïeux, et les qualités morales qui le
distinguaient, s'était fait de nombreux parti-
sans, qui étaient déjà en France comme l'a-
madou qui n'attend pour prendre feu que le
contact de la lumière. Ce malheureux prince
était seul susceptible d'opérer cette contre-ré-
volution, qui aurait fait couler à grand flots le
sang français. On put donc croire essentiel ,
pour assurer le repos de la France et étouffer
les partis, d'immoler cette illustre victime, qui
ne dut sa mort qu'à son enthousiasme pour sa
cause. Il eût été bien facile à Napoléon, sans le
faire prendre chez l'étranger, de l'attirer sur le
territoire français, en grossissant son parti d'un
certain nombre d'hommes affidés, qui auraient
dû mettre son projet à exécution ; mais ce
moyen eût peut-être été suivi de grands malheurs. Il aurait, à la vérité, couvert ce meurtre
du voile épais de la justice ; mais ce rôle, aux

yeux de qui réfléchit, eût été encore plus affreux. D'ailleurs, Bonaparte est-il seul coupable de cet acte inhumain? et son conseil, composé d'hommes, pour la plupart faibles et habitués à le flatter, ne l'est-il pas plus que lui? Et pourquoi faut-il que de tels crimes, et d'autres plus infâmes encore, soient quelquefois jugés nécessaires en haute politique. C'est après cela qu'il se fit nommer Empereur, et qu'il donna à ses frères, les trônes qui devenaient le fruit de ses conquêtes.

L'auteur entame de nouveau le détail de ses campagnes et de ses victoires d'Austerlitz, d'Jéna, etc., etc. Il rappelle l'état florissant de la France, qu'il regardait alors comme le premier État du monde. Il cite ensuite le décret impérial qui déclara les Iles Britanniques en état de blocus, et dit à ce sujet, que Bonaparte ne connaissait pas la force de l'Angleterre. Je rends justice au caractère national de ce peuple, dont toutes les querelles intestines cessent dès qu'une guerre étrangère l'appelle; mais, quoi qu'en dise l'auteur, son pays eût été infailliblement envahi par nos troupes, si son or n'avait encore, dans cette circonstance, engagé l'Autriche à profiter du moment où les Français étaient en Espagne, pour rompre son traité et recommencer une guerre qui lui coûta la

perte des fameuses batailles d'Esling et de Wa-
gram. Il cite alors l'imprudence que fit Napoléon en divorçant avec Joséphine, qui avait
toujours été son étoile de bonheur, et date sa
décadence de son nouveau mariage; puis il le
suit dans la malheureuse campagne de Mos-
cou, où les Français, tant devant l'ennemi,
qu'en butte aux rigueurs de la saison, déployè-
rent un courage plus qu'humain. Il annonce ensuite son abdication, son départ pour l'île
d'Elbe, les insultes qui lui furent prodiguées
gratuitement dans ce même pays où le maréchal Brune fut assassiné. Là, l'auteur après avoir
retracé le retour de Bonaparte, dit que la bataille de Waterloo, où il fut vaincu, termina
tout. S'il s'était trouvé sur le champ de bataille,
il ne se serait servi que de l'expression de trahi,
car sans quelques Français officieux, pour qui
les malheurs de la Patrie et l'honneur ne sont
rien en comparaison de l'argent et des titres;
sir Thomas Moore sait comme nous, que les
Anglais, qui avaient été déjà mis quatre ou cinq
fois en déroute dans la journée, eussent été
écrasés et forcés de se rembarquer à la hâte,
sans artillerie ni bagage, si, par la plus infâme
trahison d'un Français, Blucher ne fût venu à
leur secours, en augmentant leur armée, qui

était déjà deux fois aussi nombreuse que la nôtre, de 5o,ooo hommes de troupes fraîches.

L'auteur termine en blâmant beaucoup la conduite honteuse de son gouvernement envers Napoléon, et en donnant quelques détails sur la captivité de Bonaparte, qui se distraisait en allant à la chasse, et en écrivant ses mémoires. Pourtant quoique quelques personnes ont dit qu'il ne savait pas écrire, malgré ses poésies, ses brochures politiques pleines de force, et ses proclamations immortelles.

Quoiqu'on reconnaisse dans cette brochure, la fierté naturelle aux Anglais, on doit convenir, toutefois, que l'auteur l'a écrite avec justice : qu'il a même plus appuyé sur les vertus du Héros que sur ses fautes, et qu'il semble lui-même appeler un défenseur qui pût diminuer les crimes qu'on attribue à Bonaparte.

Après cette notice et sous le même couvert, on trouve le *Dithyrambe de lord Byron, sur la mort de Napoléon.* L'analyse de cette pièce ne sera pas longue, puisque ce célèbre auteur, enflammé de la gloire du grand homme, et suivant l'essor de son âme généreuse, a semblé oublier ses fautes, pour ne chanter que ses vertus. Son début nous prouve que les grands génies s'aiment et se respectent toujours, quoiqu'ils soient ennemis par les lois des nations.

Pour faire ressortir toutes les beautés du style, et la force d'expression de ce Voltaire moderne, il faudroit analyser chacune de ses pensées; mais forcé de me restreindre, je me bornerai, pour les faire briller de tout leur éclat, à copier littéralement quelques passages de cet ouvrage, afin d'en donner une juste idée à nos lecteurs. Voici sa première phrase. « C'est » quand le soleil ne sera plus, que l'on oubliera » les épidémies et les tempêtes que ses chaleurs » ont causées, pour n'admirer que son éclat, » sa lumière et sa force. Le soleil a cessé de » luire ». L'auteur en disant que, si Napoléon fût mort dans les champs de la gloire, l'Europe en deuil eût pleuré sur sa tombe, s'exprime ainsi : « Héros malheureux! tu as vécu trop » long-temps; ta mort qui eût ébranlé la terre, » n'émeut pas plus que la chûte d'une feuille » désséchée. » Ce reproche peut être justement adressé aux rois de l'Europe; mais non à la plus grande partie du Peuple français, qui a donné plus de larmes à la mémoire de Napoléon mort sur un rocher désert, que si l'ange de la mort l'avait frappé au milieu de sa gloire. L'auteur, en s'adressant à ses compatriotes, s'exprime en ces termes : « Pleurez, fidèles » Anglais, votre nom sera maudit; l'exécration » de la postérité vous punira de l'hospitalité

» violée. » Cette idée est digne d'un cœur français. Plus bas, rendant justice aux talens militaires de ce grand capitaine, il dit : « La fortune
» inconstante, les élémens, les intempéries
» des saisons, l'ouragan furieux et les frimats
» furent impuissans pour l'abattre : Il fallut
» que toute l'Europe se soulevât devant lui; et
» dix-sept armées marchèrent, non sans trem-
» bler, contre Napoléon, qui n'eût pourtant
» point été vaincu, si des traîtres, plus redou-
» tables que les mille cohortes du Nord, n'eus-
» sent conspiré sa perte. » Il rappelle sa grandeur dans les revers, comme dans les faveurs de la fortune. En effet, il fallut à Napoléon plus de courage qu'aux plaines de Marengo et d'Austerlitz, pour supporter une captivité mille fois plus terrible que la mort, par laquelle, en terminant ses souffrances, il eût terni sa gloire. Là l'auteur s'écrie : « Hélas! maintenant qu'il
» est tombé, l'admiration n'a plus d'alimens.
» Il n'y a plus un grand être dans la race des
» hommes. » Puis, revenant encore sur la honte de son pays. « Le Léopard a-t-il jamais
» dévoré l'Aigle qui tombe à ses pieds, blessé
». par la foudre! » Mais vous, Anglais!.....
vous avez conduit seul, au bout du monde, celui qui, assis sur le trône de France, donnait des lois à l'Europe consternée.

L'auteur termine en rapportant les dernières paroles du Héros expirant, qui demanda qu'on le portât nu sur un rocher, qu'on tournât vers la France ses yeux déjà appesantis, et qui dit, en étendant son bras, jadis si redouté, vers le sol Européen : « *ô France ! je ne te reverrai* » *plus ; c'est-là le plus grand de mes maux !* » Voilà les paroles de cet homme illustre, que la France doit s'énorgueillir d'avoir vu naître dans son sein, et auquel quelques hommes, à la vérité, peu jaloux d'être Français, refusent jusqu'à cette qualification. Ses derniers vœux sont pour son épouse, son fils, la liberté de sa Patrie ; et comme nous savons que le cœur est *l'ultimum moriens*, de même, la dernière pensée qui sort de celui de Napoléon et qui expire sur ses lèvres, est : « *Dieu, protèges la* » *France !* »

Revenu aux brochures françaises, je vais passer en revue celle intitulée : *Les funérailles de Napoléon*, ode précédée de son éloge, par M. B.-L. de Montauban. L'auteur commence par citer une partie des hauts faits militaires de l'ex-Empereur, comme le passage du Pont de Lodi, la bataille livrée au pied des Pyramides, par Bonaparte, qui, avec une poignée d'infanterie, dispersa en plaine la plus redoutable cavalerie de l'Univers ; cette célèbre campagne

de Russie, où Brunswick et la monarchie de
Fréderic sont renversés en quelques heures ;
puis la mémorable campagne de France, où il
montra un génie militaire au-déssus des con-
naissances humaines : enfin, le suivant dans
sa carrière administrative, il montre l'ardeur
avec laquelle il embrassait les entreprises utiles,
ce qui sera long-temps attesté par les monu-
mens publics, les marchés, les quais, les ca-
naux, etc. ; la protection qu'il donna aux sciences et aux arts ; l'état florissant du commerce
intérieur, et le développement étonnant de l'industrie manufacturière pendant le blocus continental. L'auteur donne avec raison, comme
une des fautes qui furent le plus préjudiciables à
Bonaparte, le ravissement de la liberté, et termine en disant que l'Europe eût reculé devant
lui, s'il l'avait laissée au Peuple français.

Il me reste à entretenir mes lecteurs de l'*Ode
de M. de Montauban.* En la lisant, j'ai pensé
que l'auteur ressemblait un peu à Pope, fameux poète anglais, qui dit trouver plus facile,
et transmettre d'une manière plus brève et plus
claire, ses pensées en vers qu'en prose. En effet,
l'éloge est bien au-dessous de l'ode, car bien
que ce genre de poésie soit le plus facile, on y
remarque quelques vers dignes de nos poètes

célèbres. J'en citerai quelques-uns sans y émettre aucune réflexion.

Voici les deux premiers de la première stance. Parlant du Héros,

> Il parut, il vainquit, il était dans l'histoire ;
> Chaque jour de sa vie est un siècle de gloire.

Les deux premiers de la deuxième,

> Avant sa renommée, en vastes plans féconde,
> Sa tête était un camp où se mouvait le monde.

Parlant de la conduite de l'Angleterre envers Bonaparte ,

> La grandeur d'Albion n'est que dans sa pensée,
> Plus il la fit pâlir, plus elle est offensée.

Je copie textuellement la onzième. Racontant la mort :

> Bertrand qui dans ses bras, muet, soupire et pleure ,
> Du héros en silence attend la dernière heure;
> Et contraint ses douleurs pour l'entendre parler.
> L'envoyé d'Albion, que l'attente dévore,
> Vient savoir si les rois doivent trembler encore :
> Il approche... Les rois n'avaient plus à trembler !

Je n'ai rapporté en entier cette stance que pour mieux faire connaître le talent de l'auteur.

Je ne donnerai qu'un exposé très-succinct de *l'Oraison funèbre de Napoléon*, par Constant Taillard , soldat de la vieille armée ; car, quoiqu'il soit permis à un vieux soldat de chanter, même avec emphase, les vertus militaires d'un général aussi illustre que malheureux, il ne doit pas dénaturer les faits, puisqu'il empêche par-là, d'ajouter foi à ceux-mêmes qui méritent le plus de crédit. D'ailleurs, la vie militaire de Bonaparte ne peut être plus glorieuse que retracée fidèlement. Je vais prouver l'inexactitude de quelques passages.

L'auteur, en examinant ce que Napoléon a fait pour mériter le surnom de Grand, dit qu'en moins de trois ans, et par lui-même, il s'éleva du rang de sous-lieutenant d'artillerie, à celui tant brigué de général en chef. Bonaparte fut nommé sous-lieutenant en 1789; lieutenant colonel de la garde nationale de Corse en 1792. Depuis lors, il éprouva plusieurs échecs, tels que son exil, sa destitution de général de brigade. Il ne fut encore nommé, au mois d'octobre 1795, que général de l'armée de l'Intérieur, sous les ordres de Barras; et il n'obtint vraiment le grade de général en chef, qu'au mois de février 1796. Il y avait donc près de sept ans qu'il était sorti de l'école militaire, et tout en rendant justice au génie extraordinaire de Napoléon, je doute qu'il se soit élevé si rapidement sans la protection de MM. de Marbeuf et Barras, tellement il est vrai que le plus grand mérite reste quelquefois enseveli, s'il n'est poussé par des hommes puissans.

Plus loin , l'auteur cite les conquêtes des royaumes de Naples et d'Espagne. Il ne faut pas qu'un enthousiasme aveugle nous fasse trouver des vertus dans des fautes. Certes, qui rapporte les victoires de Napoléon , ne doit point y comprendre l'envahissement du territoire espagnol. Je le dis avec regret , mais avec la franchise d'un militaire , et devant ceux qui , comme moi , ont été témoins de cette malheureuse guerre , nous n'avons jamais conquis l'Espagne. Il n'était pas difficile à des Français, commandés par Bonaparte , de marcher jusqu'à Madrid , à Lisbonne , etc. , en attaquant une nation qui ne pouvait pas être sur la défensive , puisque la guerre n'avait pas été déclarée ; mais il fut impossible de soumettre ce peuple belliqueux , quoiqu'on en dise , plein d'esprit national , et qui nous a montré les merveilleux effets de l'amour de la liberté. Cette campagne n'en est pas moins glorieuse pour la Nation française , dont les soldats se sont couverts de gloire , tant par leur valeur dans les combats sanglans qui s'y sont livrés , que par leur résignation aux privations de toute nature qu'ils y ont éprouvées. L'auteur a encore commis une erreur , en disant que Bonaparte , après son retour de l'île d'Elbe , avait élevé en moins de deux mois , l'armée à 500,000 hommes. Cela était impossible, malgré l'activité du ministère, et le zèle des Français pour voler sous les drapeaux. Si cela était vrai, il n'eût pas emmené que 100,000 hommes en Belgique, pour y lutter contre trois puissances réunies, et nous n'eussions pas perdu la bataille de Waterloo, même malgré la trahison.

Je suis fâché que mon amour pour la vérité m'ait forcé de rappeler des circonstances pénibles, pour relever quelques erreurs émises dans cette brochure, qui contient pourtant de très-bonnes choses.

Je passe à dessein sur celle qui a pour titre : *Bonaparte et Fontanes* ; c'est un simple extrait tiré des Moniteurs, des éloges donnés à Bonaparte depuis son consulat jusqu'à son arrivée au faîte de la gloire.

Je ne dirai rien non plus de celle intitulée : *Une larme à la mémoire de Napoléon*, par M. Philnor. Cette brochure, qui réunit pourtant quelques belles pensées, ne donne presque aucuns détails sur la gloire du Héros, et semble même avoir été écrite en tremblant, car à côté d'une très-petite partie de ses exploits, sont de suite mises en parallèle toutes ses fautes. J'oserai même dire qu'elle renferme quelques expressions peu dignes de son sujet.

Je passe de suite à l'*Éloge funèbre prononcé d Ste-Hélène, par M. le Maréchal Bertrand*. Ce tribut de la reconnaissance est vraiment digne de la plume et du cœur de l'auteur ; et je regrette que l'ordre que j'ai été forcé d'adopter dans mon analyse, me prive d'en faire un long récit : ce qui m'obligerait à des répétitions fastidieuses des faits nombreux à la gloire de Bonaparte. Pour donner une juste idée de cette Oraison, j'en citerai un passage entier, qui présente en raccourci toutes les vertus du Monarque.

« Quel est donc ce proscrit, qui, jeune en-
» core, vient d'expirer dans l'exil le plus
» barbare ?

» C'est le sauveur et le législateur de la
» France ; c'est le restaurateur des monarchies
» ébranlées, de la religion désolée, et du sys-
» tême social prêt à se dissoudre ; c'est le
» Héros de Lodi, d'Arcole, des Pyramides,
» de Marengo, d'Austerlitz, d'Jéna, de Wa-
» gram ; c'est le vainqueur généreux des Au-
» trichiens, des Prussiens, des Russes et de
» cent autres peuples qui n'ont jamais cessé
» de l'estimer et de l'admirer : c'est enfin ce
» même Napoléon dont tous les Souverains de
» l'Europe briguaient l'amitié et l'alliance. »

L'auteur cite ensuite les traits les plus remar-

quables de la carrière militaire et administrative ; de la vie politique et privée du Héros. Il
rapporte entr'autres ce mémorable passage du
Pont de Lodi, où les batteries autrichiennes,
placées dans des retranchemens sur l'autre
rive, foudroyaient notre armée en plaine. Le
jeune Napoléon, craignant que cette pluie de
morts ne ralentît le courage de nos guerriers,
et sentant la nécessité, pour franchir ce terrible passage, de s'armer d'un courage témé-
raire, s'enveloppa dans le drapeau de la liberté,
courut en avant, et culbuta, à la tête des gre-
nadiers de la république, l'élite des Autrichiens.

Plus loin, l'auteur dit que la France recon-
naissante décerna au Premier Consul le titre
d'Empereur. Nous sommes forcés d'avouer
que pour affirmer cela, M. le Maréchal Bertrand n'a consulté que son cœur. Il nous rappelle qu'en moins de trois années, les Français
conduits par leur Souverain, conquirent deux
fois l'Autriche, envahirent la Prusse, et ne
s'arrêtèrent qu'aux confins de la Pologne ; et,
qu'à cette époque, chaque année était plus
féconde en grands et glorieux évènemens, que
ne l'étaient autrefois des siècles entiers. Ajou-
tant à cela l'état prospère de nos finances dû à
l'industrie, au génie actif de l'ex-Empereur,
et aux contributions qu'il allait lever dans toutes

les capitales du monde , pour alléger celles que la guerre aurait fait peser sur son peuple.

L'auteur arrivé à cette merveilleuse campagne de 1814 , dit que Napoléon y déploya toute sa tactique , et son infatigable activité ; qu'il quadrupla ses forces par de savantes manœuvres , et se présenta par-tout lui-même , avec ses vieux soldats , en harcelant sans cesse , par ses marches de nuit , des armées toujours complettées. Il ajoute qu'il fit pâlir vingt fois ses innombrables ennemis. Ils ne devaient pas en effet être très - rassurés , d'abord , parce qu'ils nous croyaient plus nombreux , en raison des gardes nationales qui nous suivaient , et qui ont même quelquefois montré de l'énergie ; de plus , ils craignaient ce que l'incomparable manœuvre , au départ d'Arcy , leur ménageait ; et si Paris n'eût pas été livré sitôt aux puissances étrangères , elles eussent été infailliblement écrasées entre deux feux , sous les murs de la Capitale , sans pouvoir se procurer de munitions ; puisque , non-seulement notre ligne interceptait toute communication avec leur parc de réserve ; mais en outre les troupes , au moins au nombre de 30,000 hommes , qui seraient sorties de nos places fortes , se fussent emparées de tout leur matériel , nous eussent aidés à achever leur destinée.

L'auteur retrace après, cette tyrannie de l'Angleterre qui força Bonaparte de renvoyer une grande partie de ceux qu'il lui avait été permis d'abord d'emmener à Ste-Hélène, et termine en disant : « Il vécut en héros, il mourut en grand homme.....! »

Je finis ici ce travail, quoique depuis que je l'ai entrepris, le zèle des Français ne s'est point ralenti pour donner des regrets publics à la mémoire du Héros malheureux; mais comme toutes ces productions roulent sur le même sujet, et sont à peu près écrites dans le même genre, je crois avoir fait assez connaître le contenu de celles qui m'ont semblé mériter le plus d'intérêt, pour me dispenser d'alonger cet opuscule par des répétitions continuelles.

Heureux si je ne suis pas resté trop au-dessous de la tâche que je m'étais imposée, et si j'ai suffisamment prouvé, tout en joignant mes larmes à celles de mes compatriotes, que tel est mon système :

Qui flatte leur pouvoir gâte le cœur des Rois

Napoléon n'est plus!...,